DE LA PROBABILITÉ

D'UNE ALLIANCE FUTURE

ENTRE

LA FRANCE ET LA RUSSIE,

POUR TERMINER

LA QUESTION D'ORIENT;

PAR

Le Prince A. S.

PARIS.

G. A. DENTU, LIBRAIRE,

GALERIE VITRÉE, 13, PALAIS-ROYAL.

1841

Il est aisé de se convaincre, en parcourant certains journaux, que tout le monde s'occupe de politique, et que bien peu de personnes abordent ce sujet d'une manière franche, loyale, et qui soit le résultat de leur conviction intime. Bien au contraire, la plupart de ceux qui traitent ces matières, devenues si vastes aujourd'hui ; ne se font pas une idée claire, précise et complète des élémens dont se composent les grands débats, les grandes questions qui se préparent en Europe ; ils descendent presque tous dans le vaste champ de l'arène politique en s'y laissant dominer par leurs sympathies ou leurs haines ; ils blâment et méconnaissent toute opinion lorsqu'elle est émise par tel ou tel individu ; ils louent et admirent tout ce qui est professé par tel ou tel autre, sans distin-

guer si consciencieusement ils ont tort ou raison,
et en tout état de cause se laissent aveugler par
la passion et influencer par l'esprit de parti. Le
public finit par se lasser de cette manière fausse
et souvent nuisible de traiter les grandes questions politiques, et tous ceux qui ont lu Molière
ne manquent pas de faire quelques rapproche-
mens en se souvenant de ces vers :

Il semble à trois gredins, dans leur petit cerveau,
Que, pour être imprimés et reliés en veau,
Les voilà dans l'État d'importantes personnes,
Qu'avec leur plume ils font le destin des couronnes.

Quant à nous, nous sommes bien étonné de
la légèreté avec laquelle certains publicistes
s'entretiennent sur l'empire ottoman, de la fa-
cilité avec laquelle les uns s'attachent à consti-
tuer un nouvel empire grec sur les ruines de
l'empire d'Orient; les autres, à séparer cet empire d'Orient en petits lots bien distincts, qu'ils
attribuent à telle ou telle puissance, selon que
les différentes parties qui constituent ces lots
sont plus ou moins rapprochées de l'Autriche,

de la Grèce, etc. Ils ne reconnaissent pas même l'existence de quelque incertitude, de quelque probabilité, de quelque chance en un mot dans leurs soi-disant partages; ils traitent la question d'Orient comme s'ils en étaient les arbitres souverains; ils considèrent comme actuel et présent ce qui est futur et douteux.

Mais est-ce ainsi que l'on doit raisonner en politique? Doit-on compter pour rien dans les prophéties si nombreuses de l'avenir, la tendance des esprits dans les pays sur lesquels on discute? Croit-on enfin que le climat, les coutumes, les mœurs, la religion, les institutions d'un pays ne soient d'aucun poids dans la balance de ses destinées futures?

Lorsque la marche des événemens engage la politique de l'Europe tout entière; lorsque la question d'Orient menace la paix du monde en soulevant les vieilles rancunes nationales par le choc de leurs principes et de leurs intérêts; lorsque le canon, qui gronda à Beyrouth et à Saint-Jean-d'Acre, fait surgir une enceinte de fortifications autour de Paris; lorsque tant d'écrivains s'amusent à égarer l'opinion publique, cette jeune reine de peu d'expérience, nous ne croyons pas inutile de mettre au jour quelques élémens propres à éclairer la discussion sur l'avenir de l'Orient, et de montrer au public que dans cette fluctuation d'hostilités si alarmantes la paix du monde est en suspens.

La décomposition de l'Orient est aujourd'hui chose bien évidente; car depuis long-temps l'équilibre y est rompu. La politique lente, mais persévérante, du cabinet de Saint-Pétersbourg a valu à la Russie tous les pays situés entre le Dniester, le Pruth, le Danube et la mer Noire, pays que la Porte venait de lui céder en vertu du traité de Bucharest en 1811. La Crimée et la petite Tartarie, reste de ce fameux empire fondé par Gengis-Khan, ayant passé depuis Mahomet II sous la protection de la Porte, ne tarda pas à être définitivement occupé par une armée russe en 1783; la Porte, ne pouvant faire autrement, déclara ce pays réuni à l'empire de Russie par le traité de 1784. La Géorgie, tant d'autres proinces dont le nom même était ignoré en Europe, ainsi que la Pologne, sont tombées sous la domination russe sans que la politique des autres cabinets ait pu mettre un frein aux projets si gigantesques de celui de Saint-Pétersbourg.

Les événemens de jour en jour se multiplient davantage et augmentent de gravité ; les vues que les Anglais ont sur Alexandrie, afin de s'ouvrir un nouveau passage aux Indes-Orientales ; le besoin qu'a la Turquie d'être soutenue par les puissances étrangères dans ses démêlés avec Méhémet-Ali, l'attitude hostile que le pacha d'Égypte avait prise contre la Porte, les soulèvemens qui se manifestent dans les provinces turques, tous ces faits ne sont-ils pas autant de preuves patentes de l'écroulement de ce vieil édifice ?

Les affaires d'Orient, que l'on croyait presque résolues par le traité du 15 juillet, sont aujourd'hui plus menaçantes que l'année passée. Méhémet-Ali a réduit ses troupes ; on lui en fixe le nombre à 18,000 hommes ; il a même envoyé au sultan un à-compte de six millions de piastres sur le tribut que le canon de Beyrouth et de Saint-Jean-d'Acre a exigé de lui ; mais ce n'est pas là une solution de la question d'Orient, ce n'est que le résultat de la contrainte. Le pacha d'Égypte ne pouvait rien contre la formidable coalition du 15 juillet : seul contre cinq, le vice-roi a dû céder ; il a abandonné la possession de Saint-Jean-d'Acre, de la Syrie ; mais le fort de Saint-Jean-d'Acre n'est-il pas occupé par les Anglais ? Le reste de la Syrie, abandonné par le vainqueur de Nézib, est-il au sultan ? N'est-il pas livré à une anarchie complète, que les Turcs ne peuvent comprimer faute d'hommes et d'argent ?

Les peuples du Liban, qui s'agitent sans cesse, peuvent en venir eux aussi à un état d'hostilités ouvertes, et alors ce ne seront pas les paroles hautaines du sultan qui comprimeront ces troubles comme par enchantement ; il faudra des hommes, de l'argent, et la Porte manque de tout.

L'Anatolie est assez paisible, elle dort ; mais pour peu qu'elle se réveille, elle pourrait bien devenir hostile à la Porte.

Quant aux villes maritimes et aux provinces

de l'Arménie et du Kurdistan, qui avoisinent la Perse, le sultan ne fait que les occuper sans les dominer; car, de même qu'en Perse, les esprits y sont très portés à faire pencher la balance pour la Russie; et quant à l'Arabie, elle n'est plus turque, elle s'est rendue indépendante. Le sultan veut essayer de la reconquérir, dit-on; mais cela n'empêche pas le schérif de la Mecque d'avoir un gouvernement à lui, formé d'un conseil qui administre les affaires de ce pays, et une armée de près de 24,000 hommes. Sans aucun doute, l'espèce de gouvernement du schérif de la Mecque semble devoir continuer à rester, indépendant d'abord à cause de l'impuissance de la Turquie, ensuite parce que le même lien religieux n'attache pas les Arabes à Constantinople; ils regardent le sultan comme un hérétique.

Voilà l'état véritable de la Turquie d'Asie; elle tend toujours à se soustraire au joug du sultan, et tout y est en révolte.

Passons à la Turquie d'Europe. Qu'y trouvons-nous? D'abord la Thessalie et la Macé-

doine révoltées, se donnant un gouvernement
provisoire et demandant à grands cris à être
incorporées au royaume de Grèce. Mais ces
troubles comprimés, d'autres n'ont pas tardé
à surgir. Les Candiotes sont encore en pleine
révolte, le sang des chrétiens y coule comme
aux terribles journées de Chios et de Misso-
longhi. Toutes les puissances engagent les
Crétois à rentrer sous le joug du sultan, mais
ceux-ci tiennent bon. Aussi, plusieurs personnes
commencent à croire que Candie se joindra à la
Grèce ; d'autres, qu'elle appartiendra à l'Angleterre ; mais il est aisé de voir que l'état actuel
des choses ne permet pas à ces espérances de se
réaliser, au moins pour le moment. Du reste,
d'après les dernières nouvelles, la discorde règne
parmi eux, et le président du gouvernement provisoire s'est retiré dans les montagnes de Sfakia.
Il est donc à présumer que les puissances réca-
pituleront les injonctions qu'elles ont déjà faites
aux Crétois pour blâmer leur conduite ; mais
se soumettront-ils à de simples injonctions dont
ils n'ont pas tenu compte une première fois ?

Cest l'avenir qui doit décider cette question.

Les mêmes horreurs qui se commettent en Crète se répètent aussi en Bulgarie. Les chrétiens de cette province , surchargés d'impôts qu'ils ne peuvent payer, écrasés à la fois par la taxe des Turcs et par celle des évêques, sont déchirés à coups de fouet et subissent des supplices et des tortures de toute espèce.

Une haine générale pour tout ce qui est Turc est le résultat naturel de toutes ces persécutions, qui ne font , au reste , qu'entretenir l'insurrection.

La Bulgarie , limitrophe de la Moldavie et de la Valachie, ces provinces chrétiennes déjà russes de cœur , voisine de la Servie , où il s'en faut de si peu que les mécontentemens ne dégénèrent en hostilités , renferme des villages qui s'étendent jusqu'aux portes de Constantinople. Les Bulgares forment donc le centre de ces principautés , de ces populations gréco-slaves, qui ont tant de reconnaissance pour tous les bienfaits de la Russie. Inspirés presque des mêmes sentimens , ils font leur possible d'abord pour relâcher, ensuite pour rompre le lien factice qui les unit encore à la Porte.

Quant aux autres chrétiens de la Turquie d'Europe, ils aspirent tous à arriver au même but ; les Albanais, les Bosniaks, les Monténégrins sont presque indépendans ; le sultan n'a de pouvoir sur ces provinces qu'à la condition de n'en jamais user.

L'on voit, d'après ce tableau, que la situation de la Turquie d'Europe est absolument la même que celle de la Turquie d'Asie, que tout dans l'Orient se révolte, que la Turquie est réduite à sa plus simple expression ; en effet, elle n'a que Constantinople, en ce sens, que cette ville seulement ne cherche pas à se révolter. Le Bas-Empire s'est trouvé dans la même situation : les provinces se soulevaient ou n'obéissaient pas, Constantinople seule lui restait ; et, chose curieuse, il semble qu'il y ait une espèce de fatalité, une espèce d'harmonie préétablie, que nous n'appliquons pas ici, comme Leibnitz, dans son système philosophique, à l'union du corps et de l'esprit, de telle façon qu'ils marchent d'une manière parfaitement harmonique, quoique indépendamment l'un de l'autre, mais en vertu de laquelle nous croyons que les dynasties impuissantes et faibles sont prédestinées à régner sur les empires en décadence. L'empire romain s'écroule du haut de sa grandeur; il a pour empereur, qui? Augustule, un barbare, un fantôme d'homme sur un fantôme de trône. L'Espagne expire de consomption à la fin du dix-septième siècle; elle a pour prince le dernier rejeton de la maison d'Autriche, l'impuissant Charles II. Le même phénomène se représente aujourd'hui en Turquie. La Porte, minée de toutes parts, amollie par la paresse de ses habitans, énervée par ses mœurs de sérail, succombe à de si violentes attaques. Les Turcs, ayant la conscience de leur propre faiblesse, découragés par l'habitude des revers, s'attendent à chaque instant à être rejetés au-delà du Bosphore, et n'opposent aucune résistance à ce qu'ils croient être la volonté du grand prophète. Dans cette situation si déplorable, qui ont-ils pour prince? Abdul-Medjid, un jeune homme déjà épuisé par les mystères du harem, incapable d'agir.

Nous sommes donc d'accord avec tous ceux qui ont traité la question d'Orient, sur un premier point, la chute imminente de cet empire ; mais nous ne partageons pas leur opinion sur la conséquence, suivant eux, inévitable de cette chute, savoir, la reconstitution de l'ancien empire grec sur les ruines de celui des Ottomans.

Cette idée de la création d'un empire grec est gigantesque, sans doute, et belle en théorie ; mais la pratique en est difficile et même impossible dans l'état existant des choses. Nous ne voulons pas dire par là qu'il n'y ait en Orient des hommes très capables, et qui par leur position ne soient à même de jeter les premiers fondemens de ce grand édifice ; nous reconnaissons, au contraire, que l'on trouve dans cette partie de l'Europe un grand nombre d'hommes distingués par leurs lumières, leur expérience et leur courage : langues, politique, administration, rien ne leur est inconnu. Mais ces hommes, descendans pour la plupart de ces familles grecques qui étaient établies au Phanar, qui ont eu tant d'influence en Orient, qui sont parvenues même jusqu'à diriger une partie des affaires de l'Europe, ne siégent plus à Constantinople aujourd'hui; ils se sont dispersés dans les différentes parties de la Grèce et de la Turquie; ils manquent tous de moyens pécuniaires nécessaires pour accomplir une si grande œuvre; et la Macédoine, la Thessalie, la Thrace et les autres provinces qui pourraient entrer dans la formation de ce prétendu empire grec, n'ont pas d'argent non plus. Les souffrances et l'état de détresse des chrétiens d'Orient, à la révolution de 1821, ont prouvé suffisamment, il est vrai, que les Grecs n'avaient pas besoin de pain pour se battre et pour délivrer leur pays du joug des Turcs. Mais encore faut-il prendre les mots dans leur véritable acception; encore faut-il avoir des moyens suffisans pour se soutenir par soi-même, sans contracter des emprunts que l'on ne paye pas; il faut, par conséquent, accélérer les progrès de l'agriculture, de l'industrie et du commerce; il faut établir des débouchés afin de faciliter les échanges ; il faut en un mot mettre en pratique les principes d'économie politique les plus applicables à tous ces pays, et surtout à la Grèce proprement dite, avant de songer à l'agrandissement de son territoire ; il faut aussi lui donner une certaine assiette sociale, celle qui résultera de la force morale que prêteront à son gouvernement des relations directes avec toutes les puissances étrangères, et non seulement avec la France, l'Angleterre et la Turquie.

Outre ces difficultés, qui sont de nature à s'opposer à l'établissement d'un empire grec, il y en a encore d'autres qui ne sont pas à dédaigner.

La première de toutes c'est que, pour faire une révolution qui ne lui soit pas nuisible, un peuple doit être arrivé à posséder cette activité dans l'agriculture, l'industrie et le commerce qui a caractérisé d'abord la Hollande, puis l'Angleterre et la France ; il doit avoir une certaine étendue de connaissances qui fasse conquérir à la nation le titre de nation éclairée ; il doit en être venu, en un mot, à ce point de civilisation sans lequel nulle révolution n'est possible. La France se flatte aujourd'hui d'avoir entrepris la révolution la plus complète, la plus radicale qui puisse s'imaginer, et elle y a réussi ; mais savez-vous pourquoi ? parce qu'elle y a été préparée, parce qu'elle y a suivi cette marche naturelle de l'esprit humain, parce qu'elle ne l'a consommée que lorsque le peuple français en était venu à ce degré de civilisation que nous indiquons. Or, en Orient ces conditions n'existent pas. Il y a plus.

Supposons que les portions de territoire qui formaient l'ancien empire de Bysance soient enlevées aux Turcs, que les Grecs s'établissent à Constantinople dans les circonstances actuelles ; quelle forme de gouvernement leur donnera-t-on ? Nous avons à combattre ici l'opinion de ceux qui prétendent leur donner une constitution pour base de leur gouvernement, une constitution calquée sur la constitution française ou anglaise. Comment ! l'on donne aujourd'hui à l'empire ottoman, devenu empire grec, une constitution ! Mais il ne faut pas comprendre tout le sens, toute la portée de ce mot ; pour le prononcer en

cette occasion. Lui donner une constitution !
mais c'est le perdre, c'est y semer tout le germe
de la discorde et de la dissension , c'est le livrer
de nouveau à l'anarchie, et alors mieux vaudrait
mille fois un sage despotisme.

Nous ne croyons pas , du reste , que l'on ait à
discuter de sitôt la question de la forme de gouvernement de l'empire grec ; il faudrait pour cela
qu'il y eût quelques chances de réussite en sa
faveur, mais il n'y en a pas ; tout, jusqu'au
mauvais vouloir des grandes puissances, tout
semble s'être réuni pour opposer un obstacle à
l'établissement de cet empire. En effet , aujour-
d'hui que la Russie , l'Allemagne , l'Angleterre
et la France considèrent l'insurrection de Candie
comme un délit qu'elles réprouvent ; que les
puissances, de concert, veulent conserver l'intégrité d'un empire qui rend jusqu'à son dernier
souffle de vie, le mot intégrité ne devient plus
pour chacune des puissances qu'un prétexte d'é-
tendre son influence dans cet empire, et consé-
quemment d'en exclure les influences qui y sont
le moins bien assises , de détruire toute possibi-

lité, toute chance d'établissement d'un empire grec.

Faisons abstraction pour un moment de toutes ces difficultés, et supposons en Orient une révolution générale tendant à un même but : l'établissement de l'empire grec ; mais cela, nous le répétons, abstraction faite de tous les obstacles insurmontables qui s'opposent pour le moment à l'accomplissement de cette grande œuvre. Eh bien! par qui cette révolution serait-elle soutenue? Évidemment par le peuple, par ce qu'on appelle l'élément démocratique, opposé dans tous les pays et de tout temps à l'aristocratie. Ce serait donc lui qui arriverait au pouvoir : mais il ne sentirait que trop vite l'énormité d'un poids qu'il ne pourrait supporter, et alors se trouvant pour la première fois et d'un seul coup initiés aux affaires, ces hommes démocrates auraient assez d'inexpérience pour ne pas savoir manier la chose publique, et il serait à craindre que l'édifice ne s'écroulât sur ceux-mêmes qui l'auraient fondé.

Voilà en peu de mots tout ce qui s'oppose,

selon nous, à l'établissement d'un empire grec. Ceux qui, au milieu de toutes ces difficultés, croient à l'accomplissement de cette œuvre, peuvent être comparés, ce nous semble, à ces jeunes gens dont l'esprit ne les fait jamais marcher si vite que lorsqu'ils sont dans la voie de l'erreur, et qui, de bonne heure, jetés dans les mondes de l'imagination, s'y bercent de belles illusions, de rêves charmans, et n'en éprouvent qu'une déception d'autant plus forte, qu'ils sont obligés tôt ou tard d'en revenir à ce qu'ils appellent l'hideuse et froide réalité.

La régénération de l'empire grec est donc actuellement impossible. Mais que fera l'Europe? N'essayera-t-elle pas de sauver l'Orient de l'anarchie? lui donnera-t-elle pour avenir celui des soulèvemens et des révoltes successives? Sans doute l'Europe intervient; mais qu'elle essaye de rendre la Turquie européenne et qu'elle la ramène aux anciennes mœurs musulmanes, peu importe, elle périra toujours : la Turquie en est venue à ce point où le mal et le remède contribuent tous deux d'un commun accord à accélérer sa perte. Les mouvemens qui s'y manifestent sont une preuve de son agonie et de sa faiblesse ; ils la rendent tout aussi incapable de vivre par la civilisation que par son ancienne barbarie.

Beaucoup de personnes, et Voltaire lui-même, se sont long-temps moqué des Croisades ; ils considéraient les Croisés comme des peuples fanatiques, allant en Orient pour arracher la Judée au mahométisme, portant le crucifix et ne sachant par où passer pour arriver au terme de leur voyage. Aujourd'hui seulement, grâce à quelques historiens, et surtout à M. Michaud, on est plus indulgent à l'égard des Croisades, que quelquefois encore on considère comme de beaux romans. Mais si les Croisades, dans leur principe, ont nui à l'Orient, elles accélérèrent au moins les progrès de la géographie, de la navigation ; elles consacrèrent le commerce pour la branche la plus importante de l'industrie européenne, elles consolidèrent pendant trois siècles le règne des chrétiens en Orient, et ce sont ces royaumes chrétiens d'Orient qui préparèrent le siècle de Léon X et des Médicis, et qui donnèrent lieu par suite à la civilisation de l'Europe entière. Les Croisades ont donc fondé quelque chose. Qu'aura fait l'intervention actuelle de l'Europe en Orient? Elle aura réinstallé le désordre et l'anarchie; elle en aura hâté la mort, parce que toute puissance qui exerce son influence dans ce pays semble rompre un de ces chaînons qui le suspendent encore au-dessus de cet abîme où il ne tardera pas à être précipité. Mais cette mort arrivée, à qui le cadavre semble-t-il être destiné? Dans le sein de quelle puissance sera-t-il enterré?

On croit trop généralement que l'Angleterre seule profite des événemens, et cela parce que le canon anglais est le seul que dans ces circonstances l'on ait entendu résonner en Orient. Mais si l'Angleterre a agi dans ce pays, il est une autre puissance dont l'action est loin d'y avoir été nulle, par cela même qu'elle a été plus ancienne, c'est la Russie.

Lorsque la question d'Orient s'est ouverte, l'Angleterre et la France avaient protesté, il est vrai, contre les clauses du traité d'Unkiar-Skelessi. Mais qu'était-ce pour la Russie que la clause de ce traité ? Rien ; ce n'étaient pas les vaines paroles du traité qui faisaient sa force ; ses établissemens sur la mer Noire lui donnaient bien plus de puissance. En 1833, quand on fit la convention de Kutahieh, qu'on arrêta Ibrahim victorieux, les Russes durent quitter Constantinople, et la Russie dit : Je pars, mais je domine. Le traité d'Unkiar-Skelessi a constaté cette domination à la face de l'Europe. Ainsi donc la Russie domine en Orient ; elle y a des bases plus solides qu'aucune autre puissance : d'abord des hommes éminens qui ne lui sont pas défavorables, ensuite la puissance morale de la religion schismatique dont l'empereur de Russie est le chef absolu. Cette dernière considération n'est pas à dédaigner : la chaîne qui unit deux peuples de même religion est une chaîne bien douce et bien forte pour les consciences ; elle fait que l'Orient, appartenant en grande partie à la Russie, devient un peuple moins hétérogène, malgré la différence qui existe dans la langue et la littérature, que s'il appartenait à l'Angleterre, par exemple. D'ailleurs, on est habitué en Orient à voir l'uniforme et le drapeau russes. On les y a vus une première fois à Andrinople , une seconde fois à Scutari , en 1833. Jusqu'alors les Russes étaient considérés comme des barbares par les Turcs ; depuis , ils n'ont été pour eux que des protecteurs et des défenseurs de l'ordre. Cette révolution morale d'opinion est un germe que la Russie a semé , qu'elle a cultivé ; c'est donc à elle qu'il appartient d'en recueillir le fruit.

Ce n'est pas là de la politique de phrases que nous voulons faire : d'ailleurs elle ne nous servirait qu'à tromper, et aujourd'hui on ne trompe personne en Europe : tous ceux qui sont dans les affaires sont des hommes d'une grande expérience , comprenant toutes les formes de gouvernement , quoiqu'elles ne soient pas les leurs , et suivant dans tous les pays le cours des événemens. Ce que nous avançons est d'une politique basée sur les faits que tout le monde est à même de connaître. La Russie domine en Orient, c'est un fait incontestable ; en voici une nouvelle preuve. Lorsqu'en 1833 la Porte venait de demander l'assistance de la Russie contre Ibrahim-

Pacha qui menaçait Constantinople, le général comte de Kisseleff fut nommé au commandement de l'armée russe qui devait se porter par terre au secours de cette capitale. Il se trouvait à Jassy dans la saison où les assemblées générales des principautés de Moldavie et de Valachie s'occupaient de leurs travaux annuels ; voici les sentimens que ces assemblées manifestèrent : « Nous « serons toujours fiers de votre gloire, parce que « nous sommes convaincus que la destinée de « notre patrie dépend entièrement de la Russie. » Que voulaient dire ces paroles ? Et après tout, ont-elles besoin d'être commentées ? Ne montrent-elles pas assez les sentimens du pays et l'influence morale que la Russie exerce sur près de 4 millions d'habitans ? Ces pays regardent la Russie en quelque sorte comme leur sauveur. En effet, avant l'arrivée des Russes dans ces principautés, le plus grand désordre y régnait dans toutes les classes d'administration ; les fonds publics étaient détournés, sans que personne eût le droit d'en demander compte à qui que ce fût ; le paysan était maltraité lorsqu'il ne pouvait payer le surplus de l'impôt que les employés chargés de la perception lui demandaient. Tous ces abus cessèrent, et les sources de la richesse et de la prospérité publique surgirent à la fois, grâce à l'empereur Nicolas et à l'étonnante activité que le comte de Kisseleff déploya dans ces circonstances difficiles. Ces faits ne prouvent-ils pas que le czar, chef spirituel des chrétiens grecs, sera un jour leur chef temporel?

La Russie sent trop que ce qu'elle tient il est bien difficile de le lui arracher : elle étend toujours plus loin cette influence que sa puissance morale lui fait exercer sur l'Orient; puissance d'autant plus forte, qu'elle s'adresse à ce que l'homme a de plus intime, à sa conscience. Aussi son gouvernement, trop habile pour arriver par la force à Constantinople, agit comme le font d'ordinaire les républiques, en temporisant.

Voilà la situation dans laquelle se trouve l'Orient par suite du traité du 15 juillet : il se décompose de toutes parts; l'établissement d'un empire grec y devient impossible et l'influence de la Russie n'y fait qu'augmenter. Qu'a donc fait ce traité? Encore une fois, il a été avantageux pour la Russie, parce que l'intervention des puissances ne fait qu'affaiblir l'Orient et détruit ainsi un des obstacles qui s'opposent à ce qu'elle s'en empare ; parce que la Russie, par l'effet de ce traité, est parvenue à détacher l'Angleterre d'une grande nation qui lui apportait une armée de 500,000 hommes, sa flotte et son trésor ; parce que les puissances allemandes ont été amenées dans une alliance qui ne devrait pas être la leur. L'Angleterre à son tour n'a pas été jouée, comme l'on dit, par la Russie ; elle ne se serait pas séparée de la France, qui lui apportait les finances les mieux assises du continent pour une question d'intérêt secondaire, pour donner trois pachaliks au sultan plutôt qu'au pacha d'Égypte. Non ; elle a compris la large part que l'avenir lui réservait par ce traité. Nous ne voulons pas entendre par là que le traité du 15 juillet ait été un traité de partage ; tout le monde sait qu'il n'a pas eu d'article secret, d'annexe ayant pour but de se partager l'Orient. Mais en

politique il y a une fatalité, une espèce de lo-
gique providentielle plus grande, plus irrésisti-
ble peut-être que dans les principes eux-mêmes.
Aussi l'Angleterre a-t-elle médité pendant onze
mois sur les propositions que lui faisait la Russie. Elle a vu qu'elle ne pourrait opposer aucune
résistance à ce qui est, pour ainsi dire, l'effet de
la fatalité; elle a cédé, elle s'est séparée de la
France, elle a accepté une alliance, un système
commun avec la Russie. Depuis vingt-cinq ans,
ce fait d'une alliance entre la Russie et l'Angleterre s'est présenté pour la première fois en Europe, et cela parce que la politique en Angleterre
est une politique toute d'intérêts; parce qu'en
Angleterre, pour contracter une alliance, il n'y
a pas lieu d'examiner l'opinion, la constitution
d'un peuple, mais seulement les ressources que
cette alliance peut lui procurer. Ces ressources,
ces intérêts elle les a reconnus, et nous ne
croyons pas qu'on puisse les méconnaître, à
moins de n'y avoir pas réfléchi sérieusement. Il
y a donc des intérêts communs à l'Angleterre et
à la Russie dans le traité du 15 juillet; mais il

viendra un temps où ces intérêts seront en opposition complète et se choqueront : car ces deux
puissances se préparent toujours plus ouverte-
ment à se partager non-seulement l'Orient, mais
l'Asie entière. La Russie s'avance vers l'empire
ottoman par les principautés et par la mer Noire ;
l'Angleterre par Malte et Gibraltar, qu'elle occupe depuis long-temps ; par Saint-Jean-d'Acre,
où elle vient de prendre pied. La Russie menace
l'Asie par le Caucase, où elle lutte encore ; par
la Perse, où son influence s'accroît de jour en
jour ; par la mer Caspienne et le pays de Khiva,
dont les élémens seuls lui ont disputé l'occupa-
tion l'an dernier. L'Angleterre, maîtresse de
l'Indoustan, possède aussi Canton et Aden, qui
lui donne la clef de la mer Rouge. Ainsi donc
l'Angleterre et la Russie, momentanément unies,
ne semblent s'accorder que pour préparer une
rupture complète. Prenez Candie et Chypre,
dira l'une ; laissez-moi Constantinople. Gardez
la mer Noire, dira l'autre, et je vais prendre
le golfe Persique et la mer Rouge. Mais l'une
se dira tout bas : Je vais me renforcer dans

l'Indoustan de manière à ne pas vous y laisser pénétrer. L'autre se dira à son tour : Quoi que vous fassiez pour abréger la route qui vous conduit aux Indes, moi je concentre ma force sur une voie qui sera toujours plus courte que la vôtre, et je prépare mes moyens d'invasion et d'attaque.

Voilà donc de quelle manière naturelle les intérêts de ces deux puissances viendront à se choquer. Que fait la France au milieu de cet état de choses? Elle se contente d'entrer dans ce qu'on appelle le concert européen, de signer avec les puissances signataires du traité du 15 juillet la convention formée à Londres le 13 juillet 1841, au sujet de la conservation de l'intégrité de l'empire ottoman ; mais les intérêts ne changent pas pour cela : l'Angleterre est toujours en attente en face d'Alexandrie et de l'isthme de Suez, et la Russie est toujours l'héritier présomptif du Bosphore et de Constantinople. La France est entrée dans le concert européen, mais elle y est entrée sans s'être assurée d'avance d'un allié ; elle y sera seule, elle aura à encourir toutes les chances de l'isolement, et elle en sortira seule. Nous ne voulons pas prononcer des paroles hostiles ou passionnées; nous ne disons pas que ce soient les puissances étrangères qui la forcent à cet isolement : nous voulons entendre seulement que la manière de voir de la France, que ses principes lui font juger les grandes questions qui s'élèvent en Europe autrement que les autres gouvernemens, et l'obligent de tenir compte d'une foule de petites choses qui trouvent les autres puissances dans une indifférence complète et auxquelles souvent même elles ne manquent pas de s'opposer. Nous voulons entendre que par ses sentimens, par son haut degré de civilisation, par son esprit, par la nécessité en un mot où elle est de penser comme elle le fait, la France, quand elle entre dans un concert européen, y reste seule et encourt tous les périls d'un complet isolement.

La convention du 15 juillet est signée, cela est vrai. Mais en quoi consiste cette convention, et quel est l'objet du protocole qui l'a précédée? Les puissances signataires du traité du 15 juillet ont déclaré dans ce protocole que la question turco-égyptienne étant résolue, ce traité doit être considéré comme éteint. La soumission du pacha d'Égypte étant faite, le traité reste évidemment sans objet; mais les intérêts de la Russie et de l'Angleterre demeurent toujours les mêmes au sujet de l'Orient. La France intervient, elle signe la convention du 13 juillet, qui interdit l'entrée des deux détroits aux navires de guerre de toutes les nations. Mais ce n'est pas là un gage de sécurité donné par les cinq puissances en faveur de la Turquie; il existe mille autres moyens d'attaquer son indépendance, sans qu'il soit nécessaire de faire entrer une flotte dans le Bosphore.

La convention du 13 juillet n'obvie donc à aucun des dangers auxquels l'empire ottoman est exposé aujourd'hui; elle n'empêche pas la Russie de surveiller Constantinople, et ne met aucune entrave à ce que l'Angleterre couve des yeux l'Égypte au moyen de la flotte puissante qu'elle entretient dans l'Archipel. La France sort de son isolement officiel, mais cela ne lui donne pas un allié de plus ; ses intérêts sont évidemment en opposition avec ceux de l'Angleterre ; elle sera infailliblement abandonnée par les cabinets de Vienne et de Berlin. Le concert européen ne devient donc autre chose pour la France qu'une guerre de quatre contre un , que la coalition de toutes les aristocraties de l'Europe contre la révolution de juillet.

Que fera donc la France ? Supportera-t-elle cet état d'isolement, de neutralité et d'inertie dans lequel la place son entrée dans le concert européen ? Lorsque la Russie et l'Angleterre se disputeront la prépondérance dans les affaires du monde, se posera-t-elle encore une fois contre l'intérêt russe à Constantinople et contre l'intérêt anglais à Suez et sur le Nil? Ah ! si la France avait un gouvernement qui sût mettre de la suite à ses affaires, si elle n'était pas caractérisée par cette mobilité déplorable qui lui fait changer de ligne politique en lui faisant changer de ministres, si elle avait une politique qui méritât ce nom dans toute son étendue, qui lui permît d'espérer dès aujourd'hui et d'atteindre au jour

du bouleversement général , au jour où la question de prépondérance territoriale et maritime
s'ouvrira dans le monde , une sphère d'action
extérieure , plus en proportion avec le poids
qu'elle doit avoir dans les affaires du monde , la
France comprendrait que pour ses intérêts une
alliance avec la Russie lui sera nécessaire. En
effet , l'intérêt personnel de la France n'est pas
à Constantinople : la France est ennemie de la
Turquie, parce qu'elle a soutenu Méhémet-Ali ;
elle n'a aucune influence à Constantinople. Son
intérêt le plus réel est tout entier à Alexandrie ;
c'est là qu'elle doit chercher son influence dans
la Méditerranée et la disputer à l'Angleterre.
Car si , au contraire, l'Angleterre possédait Candie , Chypre et surtout Alexandrie , elle aurait le
monopole exclusif des mers, elle absorberait
entièrement le commerce français , elle accroî-
trait sa marine déjà bien supérieure à celle de
la France , et l'on verrait alors cette France de
Louis XIV, cette France de Napoléon descendre
de l'échelle des grandes nations et devenir une
puissance de second ordre. Mais non , cela n'ar-

rivera pas; et la France sentira, nous l'espé-
rons, que, quoiqu'ayant une marine considéra-
ble, elle n'est pas assez forte pour s'opposer sur
mer à l'Angleterre. Il est donc de sa politique
d'encourager et de défendre les vues de la Russie
sur Constantinople, afin que, par système de
compensation, au jour des grands conflits, elle
puisse trouver dans la flotte russe un élément
complémentaire et suffisant pour résister aux
vues de l'Angleterre et pour en triompher.

FIN.

Imprimerie et Fonderie de E.-J. BAILLY, place Sorbonne, 2.